Inhalt

Herausforderung Qualitätsmanagement

Kernthesen

Beitrag

Fallbeispiele

Weiterführende Literatur

Impressum

Herausforderung Qualitätsmanagement

I.Lukmann

Kernthesen

- Sparsamkeit und Effizienz bei gleichzeitiger Kundenorientierung und gestiegenen Qualitätsanforderungen sind die aktuellen Herausforderungen vieler Unternehmen. (6), (9), (10)
- Qualitätsmanagement ist ein wichtiges Führungsinstrument, um Transparenz über Verantwortlichkeiten, Aufgaben, Abläufe und Strukturen zu gewinnen. (8), (10)
- Qualitätsmanagement ist bereits seit geraumer Zeit in vielen Unternehmen eine wichtige Zielvorgabe. (7)

Beitrag

Gerade auch kleinere Unternehmen streben zunehmend die Umsetzung systematisierter Qualitätsprozesse an. Der folgende Artikel beschreibt kurz Definition, Ursprung und Inhalte von Qualitätsmanagement sowie einige beispielhafte Qualitätsmanagementkonzepte.

Definition von Qualitätsmanagement

Qualität ist ein Begriff, der nicht eindeutig definiert werden kann. Eine breite Spanne an Bereichen gehört zum Themengebiet Qualität hinzu: So beispielsweise auch Ausstattung und Sicherheit eines Unternehmens sowie Freundlichkeit und Güte der angebotenen Dienstleistungen. Qualität ist grundsätzlich und letztendlich von der Perspektive des Kunden abhängig. Das heißt, dass das Empfinden oder die subjektive Wahrnehmung des Kunden zu einem erworbenen Produkt bzw. einer beanspruchten Dienstleistung ausschlaggebend für seine Qualitätseinschätzung ist. (5), (7), (10)

Ursprung des Qualitätsmanagements

Bereits zu Beginn des 20. Jahrhunderts ist der Grundstock für Qualitätsmanagement gelegt worden. Das Ziel war damals eine Verringerung des bei industrieller Massenfertigung anfallenden Ausschusses. Daran schlossen sich die Entwicklung zahlreicher Modelle wie beispielsweise der TQM-Ansatz (Total Quality Management) an.

Qualitätsmanagement ist dazu geschaffen worden, in Unternehmen den Qualitätsgedanken festzusetzen und diesbezügliche Tätigkeiten umzusetzen. Das kontinuierliche Streben nach Qualität und die Verbesserung der Qualität ist darüber hinaus eine wichtige Strategie für den Erfolg eines Unternehmens. (5)

Inhalte des Qualitätsmanagements

Qualitätsmanagement beinhaltet Qualitätsplanung, -verbesserungsmaßnahmen und kontrolle. Deren Phasen werden im Folgenden kurz skizziert. Zunächst werden im Rahmen einer Qualitätsplanung dem Unternehmen entsprechende Qualitätsziele ermittelt.

Anschließend werden die hierfür erforderlichen Prozesse und Ressourcen entwickelt. Abschließend prüft und kontrolliert eine Instanz für Qualitätskontrolle die Zielerreichung der gesetzten Qualitätsziele. Eine entsprechende Dokumentation der Ziele, Prozesse und Verbesserungsmaßnahmen hilft bei der Weiterentwicklung des Unternehmens. (5), (7), (8)

Qualitätsmanagementkonzepte EFQM und DIN EN ISO

EFQM-Bewertungsmodell

Die European Foundation for Quality Management (EFQM) hat das gleichnamige Bewertungsmodell vordergründig dazu entwickelt, dass Unternehmen ihre Unternehmensqualität selbst bewerten können. Das Modell wird auch zur Bewertung für den europäischen Qualitätspreis - den so genannten European Quality Award (EQA) - verwendet. Das EFQM-Modell besteht aus neun unterschiedlichen Bereichen. Diese werden bei der Bewertung separat betrachtet und bewertet, obschon die einzelnen Bereiche ineinander übergehen. (6), (9), (10)

Bewertung nach DIN EN ISO

DIN EN ISO 9000 beinhaltet formale Vorgaben und Verfahren für Qualitätsmanagementsysteme. Unter anderem sind in der ursprünglichen wie auch aktuellen Fassung Regelungen zu Bereichen wie Verantwortung der Leitung, Dokumentenlenkung, interne Qualitätsaudits oder Schulungen, aber auch ein so genannter After Sales Kundenservice nach der Auftragserfüllung aufgeführt. Zudem werden in dieses Konzept auch Aspekte wie Managementverantwortung, Ressourcenmanagement, Prozessmanagement oder Kundenorientierung integriert. (6), (8)

Folgende Faktoren sind beispielsweise zur Erstellung eines Qualitätsmanagementsystems für Dienstleistungen wichtig:

-Zuständigkeit für die Identifizierung von Qualitätszielen bzw. der Qualitätspolitik
-Dokumentation aller Unterlagen, welche die Qualität betreffen
-Dienstleistungsprozesse sollten klar definiert und schriftlich festgehalten sein. Diese werden außerdem regelmäßig überprüft und angepasst.

-Vorab sind bereits Maßnahmen definiert, die beim Auftreten von Fehlern greifen.
-Interne Qualitätsprüfungen oder auch Seminare zur Fortbildung oder aber auch Mitarbeiterzufriedenheit sind wichtige Zielgrößen bei der Entwicklung von Qualitätsmanagementsystemen. (6), (8)

Im Fokus: Kundenorientierung

Die Inhalte des Qualitätsmanagements sind sehr stark auf die Zufriedenheit des Kunden ausgerichtet. Letztendlich entscheiden Kunden über den Kauf oder Nichtkauf eines Produktes oder die Inanspruchnahme einer Dienstleistung. Auch das Marketing kann hier einen Beitrag leisten, da Kunden häufig ihre Kaufentscheidungen von ihren eigenen Erfahrungen bzw. den Erfahrungen Anderer abhängig machen. Wichtig ist auch ein angemessener Kundenservice. Dieser ist oftmals wichtiger als die Attribute des gekauften Produktes, weil er den Kunden in den Mittelpunkt stellt. (5), (9)

Fallbeispiele

Die Fachzeitschrift QZ Qualität und Zuverlässigkeit des Münchner Carl Hanser Verlages feiert sein 50. Jubiläum. Zu diesem Anlass ist ein Internetportal QM-InfoCenter auf der Verlagshomepage eingerichtet worden. Neben einem Diskussionsforum werden hier monatlich Fachbeiträge aus den vergangenen Jahrzehnten zum Download angeboten. Die monatlich erscheinende Fachzeitschrift veröffentlicht Artikel rund um das Thema Qualitätsmanagement in Industrie und Dienstleistung. Ferner werden Systeme, Methoden, Normen, Produkthaftung oder Mess- und Prüftechniken in der Zeitschrift dargestellt. (2)

Der IT-Dienstleister BASF IT Services ist von der Schweizerischen Vereinigung Qualitäts- und Management-Systeme (SQS) nach dem Qualitätsmanagementstandard ISO 9001:2000 zertifiziert worden. Das Unternehmen sieht in der Zertifizierung einen wichtigen Meilenstein für die Zukunft der BASF IT Services. Schwerpunkte der neuen Version ISO 9001:2000 liegen unter anderem in den Bereichen Kundenorientierung, Prozessmanagement sowie kontinuierliche Verbesserung. Die Qualitätsmanagementprozesse müssen durch so genannte Wiederholung-Audits jährlich aktualisiert und im Dreijahresrhythmus neu zertifiziert werden. (3)

Die DEGEMED (Deutsche Gesellschaft für Medizinische Rehabilitation e.V.) hat ein Qualitätsmanagementsystem für den Bereich Rehabilitation geschaffen. Dazu wurde eine Anpassung der DIN EN ISO 9001:2000 auf die speziellen Bedingungen der Rehabilitation vorgenommen. Die wichtigsten Kernelemente dabei sind beispielsweise eine genaue Definition der einzelnen Rehabilitationsprozesse, ein Audit-Katalog mit darin aufgeführten relevanten Standards, indikationsspezifische Module sowie eine Verknüpfung der Kriterien des Modells der European Foundation for Quality Management (EFQM). (6)

Weiterführende Literatur

(1) Qualitätsmanagement Neuer Leitfaden zur Einführung von Q-Managementsystemen
aus kfz-betrieb Nr. 08 vom 24.02.2005 Seite 041

(2) 'QZ' blickt auf 50 Jahre Qualitätsmanagement zurück
aus W&V Online-Magazin vom 07.01.2005

(3) qualitätsmanagement Zertifizierung für BASF IT Services
aus Process Magazin für Chemie- und Pharmatechnik Best of Products Das Kompendium 2004 vom 18.10.2004 Seite 045

(4) QUALITÄTSMANAGEMENT - Zwischenergebnis kann sich sehen lassen
aus Consultant, Vol. 6, Heft 10/2004, S. 18

(5) Was heißt "Qualitätsmanagement"
aus Bank und Markt 10 vom 01.10.2004 Seite 046

(6) Qualitätsmanagement in Kliniken und Krankenhäusern
aus Wirtschaftspsychologie, Heft 4/2004, S. 23 - 26

(7) Qualitätsmanagement - Keine Angst vor der Herausforderung
aus Arzt & Wirtschaft, Heft 9/2004, S. 40-42

(8) Informationssicherheitsmanagement und Qualitätsmanagement - Qualität auch für Daten
aus QZ - Qualität und Zuverlässigkeit, Heft 8/2004, S. 27-30

(9) QUALITÄTSMANAGEMENT FÜR PROJEKTE
Analyse mit tiefen Einblicken
aus IT Business, Heft 31/2004, S. 24

(10) Basislager Qualitätsmanagement – mit Vorsprung zum Wissensgipfel
aus wissensmanagement, Heft 5, 2004, S. 26

Impressum

Herausforderung Qualitätsmanagement

Bibliografische Information der deutschen Nationalbibliothek

Die Deutsche Nationalbibliothek verzeichnet diese Publikation in der deutschen Nationalbibliografie; detaillierte bibliografische Daten sind im Internet über http://dnb.d-nb.de abrufbar.

ISBN: 978-3-7379-0176-5

© 2015 GBI-Genios Deutsche Wirtschaftsdatenbank GmbH, Freischützstraße 96, 81927 München, www.genios.de

Alle Rechte vorbehalten. Dieses Werk ist einschließlich aller seiner Teile – z.B. Texte, Tabellen und Grafiken - urheberrechtlich geschützt. Jede Verwertung außerhalb der Grenzen des Urheberrechtsgesetzes bedarf der vorherigen Zustimmung des Verlags. Dies gilt insbesondere auch für auszugsweise Nachdrucke, fotomechanische Vervielfältigungen (Fotokopie/Mikroskopie), Übersetzungen, Auswertungen durch Datenbanken oder ähnliche Einrichtungen und die Einspeicherung und Verarbeitung in elektronischen Systemen.